스티브 잡스
: 이게 바로 미래야!

지은이 제시 하틀랜드 | 옮긴이 피노

초판 1쇄 발행 2018년 1월 10일 | 초판 4쇄 발행 2022년 8월 11일
펴낸이 임선희 | 펴낸곳 ㈜책읽는곰 | 출판등록 제2017-000301호
주소 서울시 마포구 성지1길 43 | 전화 02-332-2672~3 | 팩스 02-338-2672
홈페이지 www.bearbooks.co.kr | 전자우편 bear@bearbooks.co.kr | SNS twitter@bearboook
ISBN 979-11-5836-070-2

만든이 우지영, 김나연, 최아라, 연혜진, 최경후, 곽지원 | 꾸민이 손봄디자인 김숙희, 신수경, 김지은, 김세희
가꾸는이 정승호, 고성림, 전지훈, 김수진, 민유리
함께하는 곳 이퍼에스, 두성피앤엘, 월드페이퍼, 해인문화사, 으뜸래핑, 도서유통 천리마

이 책은 저작권법에 따라 보호받는 저작물이므로 무단 전재와 무단 복제를 금합니다.
이 책 내용의 전부 또는 일부를 사용하시려면 반드시 저작권자와 출판사의 동의를 얻어야 합니다.

STEVE JOBS: Insanely Great by Jessie Hartland
Copyright ⓒ 2015 by Jessie Hartland
All rights reserved.
This Korean edition was published by BEAR BOOKS in 2018 by arrangement
with Random House Children's Books,
a division of Random House LLC through KCC(Korea Copyright Center Inc.), Seoul.

스티브 잡스

제시 하틀랜드 글·그림 | 피노 옮김

일러두기
이 책의 지명, 인명, 등 고유 명사 표기는 국립국어원 외래어 표기법에 따랐습니다.
다만 일부 기업의 명칭은 우리나라에 등록된 상표 이름으로 표기했습니다.

차례

서문 7

이야기 ❶ ... 떡잎 시절 11

이야기 ❷ ... 묘목 시절 25

이야기 ❸ ... 스티브와 워즈, 첫 사업을 시작하다 39

이야기 ❹ ... 대학을 떠나 깨달음을 구하다 47

이야기 ❺ ... 애플이 탄생하다 63

이야기 ❻ ... 쑥쑥 커 가다 83

이야기 ❼ ... 새 시대가 열리다 97

이야기 ❽ ... 빛과 그림자 111

이야기 ❾ ... 가족이 늘어나다 141

이야기 ❿ ... 새로운 사업을 시작하다 147

이야기 ⓫ ... 애플로 돌아가다 161

이야기 ⓬ ... 사업을 확장하다 179

이야기 ⓭ ... 디자인으로 세상을 바꾸다 201

참고 자료와 취재 노트 228

애플파이를 좋아하고,
먹지 못하는 애플 제품도 좋아하는
아들 샘에게

미치광이들에게 행운이 있기를!

부적응자, 반항아, 사고뭉치,

둥근 구멍에 박힌

네모난 말뚝 같은 이,

사물을 다른 시각으로 보는 이….

자신이 세상을 바꿀 수 있다고

생각할 만큼 미친 사람들,

이런 미치광이들이 결국

세상을 바꾼다.

— 스티브 잡스

모험은 그 자체가 보상이다.
— 스티브 잡스

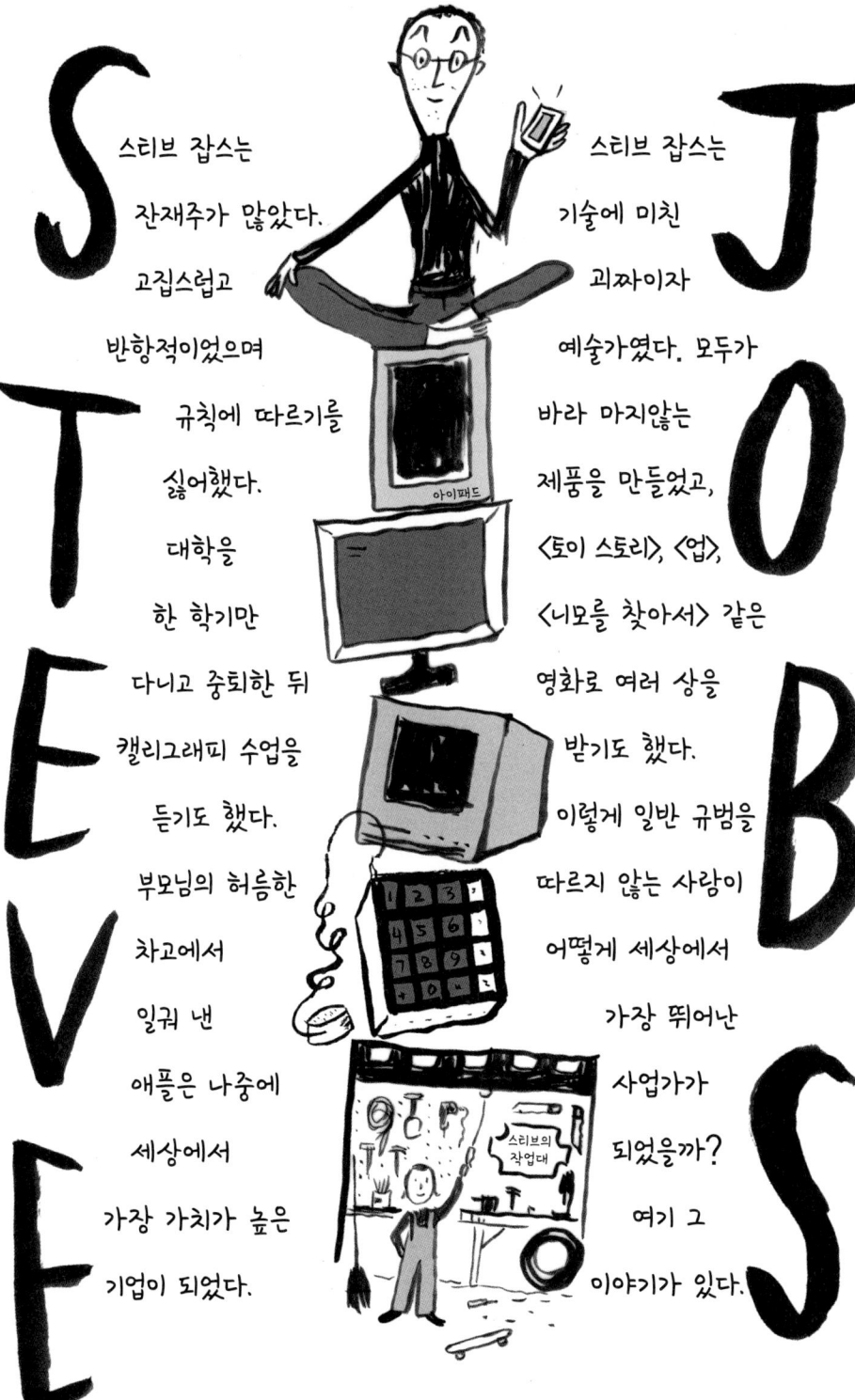

스티브 잡스는 잠재주가 많았다. 고집스럽고 반항적이었으며 규칙에 따르기를 싫어했다. 대학을 한 학기만 다니고 중퇴한 뒤 캘리그래피 수업을 듣기도 했다. 부모님의 허름한 차고에서 일궈 낸 애플은 나중에 세상에서 가장 가치가 높은 기업이 되었다.

스티브 잡스는 기술에 미친 괴짜이자 예술가였다. 모두가 바라 마지않는 제품을 만들었고, 〈토이 스토리〉, 〈업〉, 〈니모를 찾아서〉 같은 영화로 여러 상을 받기도 했다. 이렇게 일반 규범을 따르지 않는 사람이 어떻게 세상에서 가장 뛰어난 사업가가 되었을까? 여기 그 이야기가 있다.

스티브는 클라라와 폴 잡스 부부에게
입양된다.

아이를 낳을 수 없었던 잡스 부부는
세상을 다 얻은 것 같았다.
2년 뒤에는 '패티'라는 여자아이도 입양했다.
스티브는 샌프란시스코 남부의
샌타클래라(지금의 실리콘 밸리*)에서 자랐다.

아이
클러
주택

잡스 가족은 혁신적인 부동산 개발업자 조셉 아이클러가
조성한 주택 단지에 살았다.
교외에 있는 단순하고 현대적인 집이었다.

* 샌타클래라 밸리(계곡)에 실리콘 반도체를 제조하는 업체들이 많이 모여 있다고 하여 붙여진 이름이다.

아버지 폴 잡스는 기계 분야에서
시제품을 만드는 기술자였다.
취미는 고물 자동차
수리하기였다.

스티브와 아버지는 뭐든 고치고 만들기를 좋아했다.
주말이면 폐차장에 가서
잡동사니를 모아 와서는,
차고에서 무언가
열심히 만들곤 했다.

그 무렵 샌타클래라에는 첨단 기술을 연구하는 회사 수백 개가 모여 있었다.
수천 명에 이르는 기술자와 과학자 들로 늘 북적거리고, 활기가 넘쳤다.
미국과 소련은 냉전 중이었고, 우주 개발 경쟁이 한창이었다.
자본주의 국가 미국은 공산주의 국가 소련을 위험한 존재로 여겼다.

1957년, 소련은 최초의 인공위성 '스푸트니크' 발사에 성공하면서 우주 개발 경쟁에서 한발 앞서 나갔다. 미국 정부는 서둘러 소련을 따라잡기 위해 새로운 우주 공학 및 무기 기술을 실험 중이던 군수 업체에 엄청난 돈을 쏟아부었다.
이렇게 실리콘 밸리의 회사들은 이른바 군산 복합체(군과 기업이 공동의 이익을 위해 결합한 형태)의 일원이 되었다.

스티브가 살던 동네에는
미국 항공 우주국 나사, 원자로를 개발하는 웨스팅하우스,
록히드 미사일 같은 회사에 다니는
기술자들이 가득했다.

그러다 보니 온 동네에 비밀스러우면서도
호기심을 자극하는 묘한 분위기가 감돌았다.

휴렛팩커드(HP)처럼 가정집 차고에서
작게 사업을 시작한 회사들도 몸집을 불려 가고 있었다.
새로운 작은 회사들도 끊임없이 생겨났다.

언젠가는
크게
될 거라
믿으면서
말이다.

물론 스티브와
아버지도
차고를
잘 활용하고 있었다.

어느 날, 스티브와 아버지는 마당에 나무 울타리를 설치하고 있었다.

보이지 않는 뒤쪽 부분도 잘 다듬어야 한단다.

네, 아빠.

스티브는 아버지에게서 순수한 장인 정신을 배웠다.

스티브는 조립식 장난감을 좋아했다.
무엇이든 만들 수 있을 것 같은 기분이 들기 때문이었다.

스티브는 어려서부터 자신이 입양되었다는 사실을 알고 있었다.

부모님은 스티브를 안심시켰다.

그러나 부모님이 어떤 말과 행동으로 위로하려 해도 버림받았다는 생각을 떨쳐 낼 수는 없었다.

머리가 뛰어났던 스티브는 학년이 올라갈수록, 학교 수업에 쉽게 싫증을 냈고 더욱더 말썽을 부렸다.

때로는 위험천만한 장난도 쳤다. 학교에서 쫓겨나 집으로 돌아온 적도 많았다.

그런데 다행히도 4학년 담임 선생님이 스티브가 영특하다는 걸 알아챘다.

선생님은 스티브의 도전 정신을 북돋워 주었다.

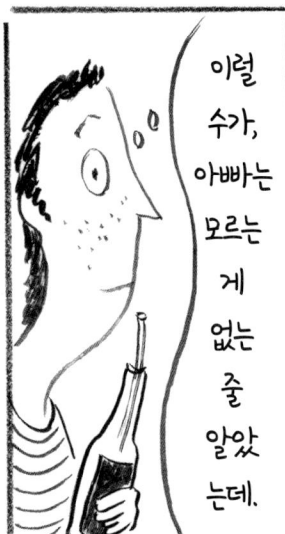

전화를 걸 때는
다이얼을 돌려야 했다.
유선 수동 다이얼 방식이었다.

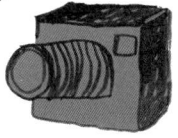

휴대 전화기는
없었다.

카메라는 필름이
있어야 했고,
사진을 보려면
인화 과정을 거쳐야 했다.

문서를 작성할 때는
타자기 자판을 두드렸다.

틀린 글자를 고칠 때에는
특별한 지우개나
수정액이 필요했다.

집에 컴퓨터가
있는 사람은
아무도 없었다.

당연히
인터넷도 없고,
구글도 없었다!

열두 살이 되던 해, 스티브는 자기 나름대로
주파수 계수기를 만들어 보기로 한다.

주파수 계수기는 전자 신호로 발생하는
파동의 수를 초 단위로 세는 장치이다.

스티브는 그 시대의 새로운 음악에 푹 빠져 지냈다.

서리얼리스틱 필로우

그레이트풀 데드

밥 딜런

앤섬 오브 더 선

제퍼슨 에어플레인

모두 돌 맞아야 해.*

* 밥 딜런의 곡 '레이니 데이 위민 #12 & 35'의 가사 중 일부.

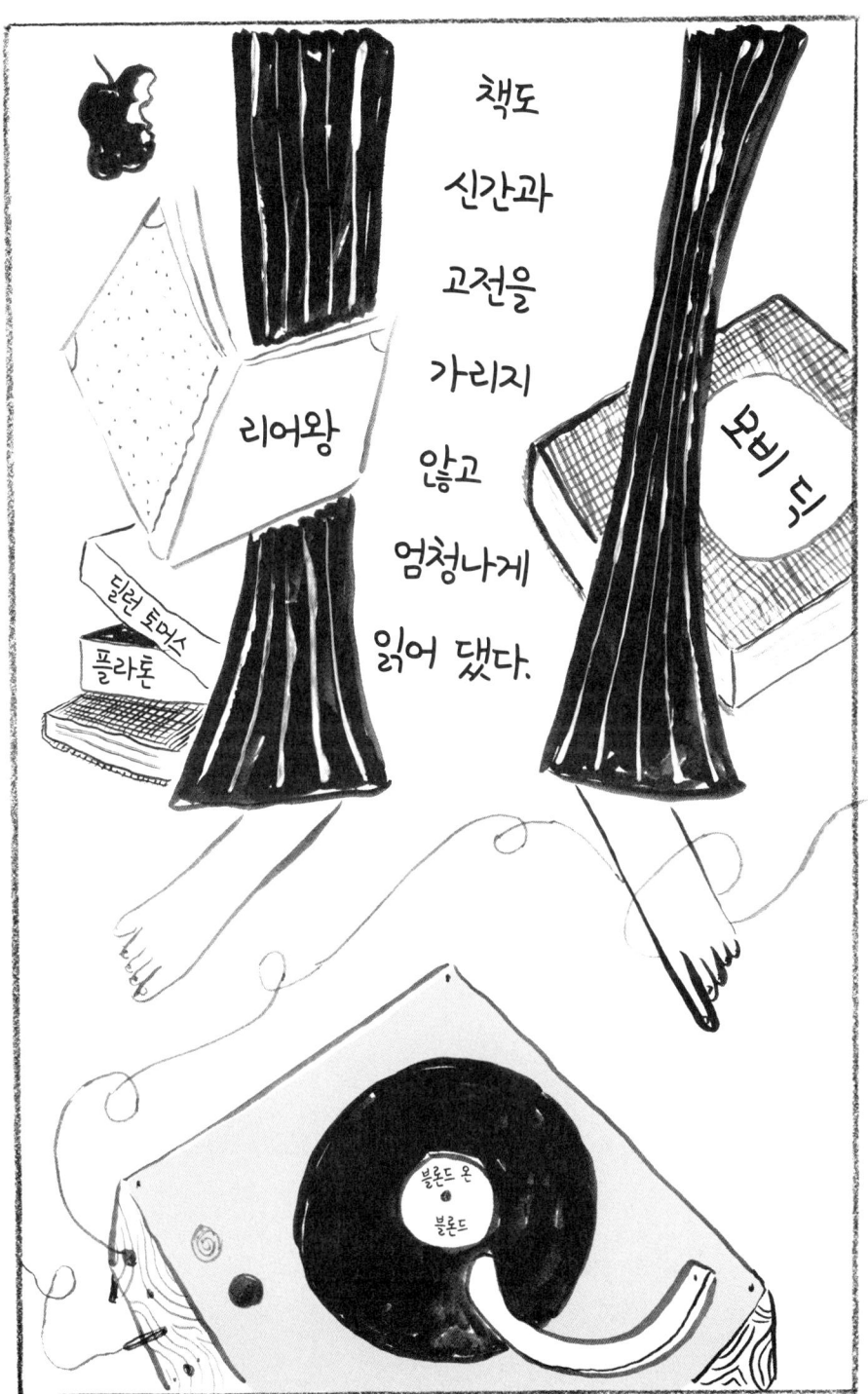

그리고 같은 반 친구 소개로 또 다른 스티브와 만난다.
바로 '워즈'라는 별명으로 잘 알려진 스티브 워즈니악이다.

히스키트*!
피보나치수열!
밥 딜런!
핼리크래프터스**!
기계 갖고 놀기!
주파수 계수기!
논리 대수***!
새너제이 벼룩시장!

둘은 공통 관심사가 많았다.

스티브는 여전히 고등학생이었지만, 스티브보다 다섯 살이 많은 워즈는 이미 캘리포니아 대학교 버클리 캠퍼스(유시버클리)에 다니고 있었다. 워즈는 진짜 과학 천재에 수줍음이 많고 다정한 성격이었다.

* 소비자가 직접 만드는 전자 제품 조립 세트.
** 1932년에 설립된 미국의 라디오 회사.
*** 논리적 사고 과정을 수학적인 방정식으로 처리하는 학문.

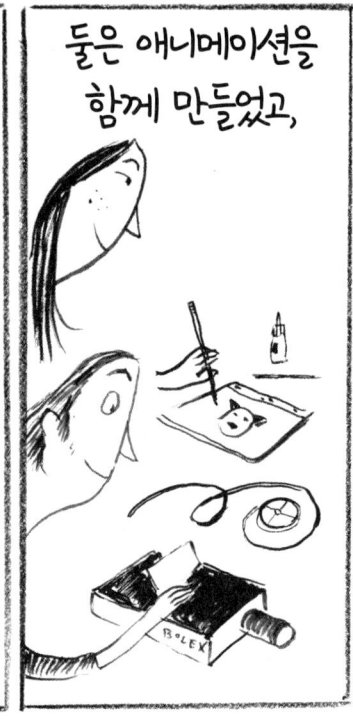

이야기 ③

스티브와 워즈, 첫 사업을 시작하다
(1971년)

어느 날, 스티브와 워즈는 블루 박스의 원리를 소개하는 기사를 읽게 된다. 블루 박스는 통신 회사의 주파수 신호를 복제하는 방법으로 장거리 전화를 걸 수 있게 하는 장치였다. 물론 불법이었다.

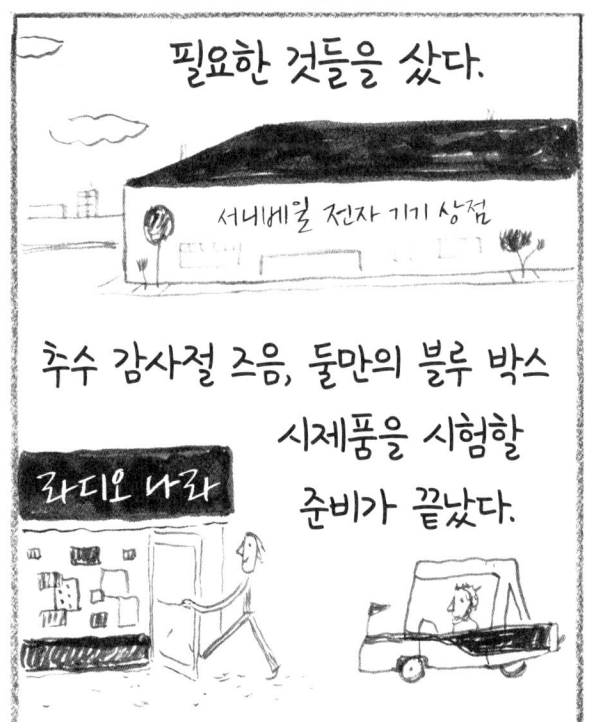

강도를 당한 것이다!
그 요술쟁이 기계 당장 내놔! 물론 공짜로 말이야!
피자
빨리 내놔.
이 사건으로 둘의 첫 사업은 끝나 버린다.
하지만 스티브와 워즈는
주유소
레스토랑
크레이프
서로가 최고의 사업 파트너라는 것을 알게 된다.

스티브는 중퇴한 뒤에도 리드 칼리지 주변을 맴돌면서 몇 가지 과목을 청강했다. 특히 캘리그래피 수업을 좋아했다.

몇 푼이라도 벌어 보려고, 빈 병을 모아 가게에 가져다주고 한 병에 5센트씩 챙기기도 했다.

*대소문자 밑에 놓인 기준선.　**소문자의 윗부분이 정렬되는 기준선.　***글자의 높이.　****소문자의 아랫부분이 정렬되는 기준선.

스티브는
시급 5달러를 받고
아타리에 개발자로
취직한다.

야간용 초인종

하지만 씻지 않아 몸에서 냄새가 나는 스티브를
동료들이 멀리하는 바람에, 혼자서 야간 근무를 하게 된다.

스티브는 게임 제작 업무를 맡았다. 1974년 무렵, 거의 모든 비디오 게임이 그랬듯이 아타리의 게임도 아주 단순했다. 사용 설명서가 필요 없을 정도였다.

아타리

지금 여기에 있으라

스티브는 그 일을 무척 즐겼다.

1970년대에 동전을 넣고 하는 비디오 게임은 모두 흑백 이었다.

퐁

처음으로 상업적 성공을 거둔 탁구 게임

스페이스 레이스

두 사람이 각자 우주선을 조종하여 장애물을 피해 나가는 게임

탱크

대포로 장애물을 없애며 미로를 헤쳐 나가는 게임

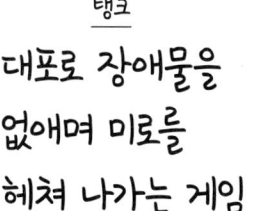

아직 가정용
컴퓨터가 없던 시절이라,
이 게임은 오락실에서만
할 수 있었다.

아타리

"정신적 스승을 찾으러 떠날 거예요!"

"뭘 찾겠다고?"

놀런 부슈널

"내가 누구인지 알기 위해 모험을 떠날 거라고요."

그러고는 길을 떠났다.

"매일이 마지막 날인 것처럼 살자. 그럼 언젠가 옳은 길을 찾게 될 거야."

스티브는 생각할 것이 있으면 오래 걷곤 했다.

인도

마음을 가라앉히자.

단순하게 생각하자.

잡념을 버리자.

서점 카페 식당 구두 비누

하지만 여전히 불안감을 느끼곤 했다.

유기농 식품
할인!
헤드숍
향초

다시 떠나야 할 것 같아. 이번엔 더 멀리 가 보려고.

선불교의 가르침을 떠올려 봐.
'스승을 찾으려고 먼 길을 떠나지 마라. 마음의 준비가 되어 있다면, 스승이 지금 네 곁에 있을 것이다.'

스티브는 아침마다 명상을 하고, 오후에는 스탠퍼드 대학교에서 물리학 강좌를 들었다.

그리고 언젠가는 자신의 사업을 시작하겠다는 꿈을 안고 아타리로 돌아가 일한다.

* Whole Earth Catalog. 스튜어트 브랜드가 1968년부터 1971년까지 발행한 미국의 대학문화 잡지. 스티브는 이 잡지에 푹 빠져서 대학 생활 내내 끼고 다녔다.
** Popular Electronics. 1975년 1월호에는 최초의 개인용 컴퓨터 키트, 알테어 8800을 소개하는 기사가 실렸다.

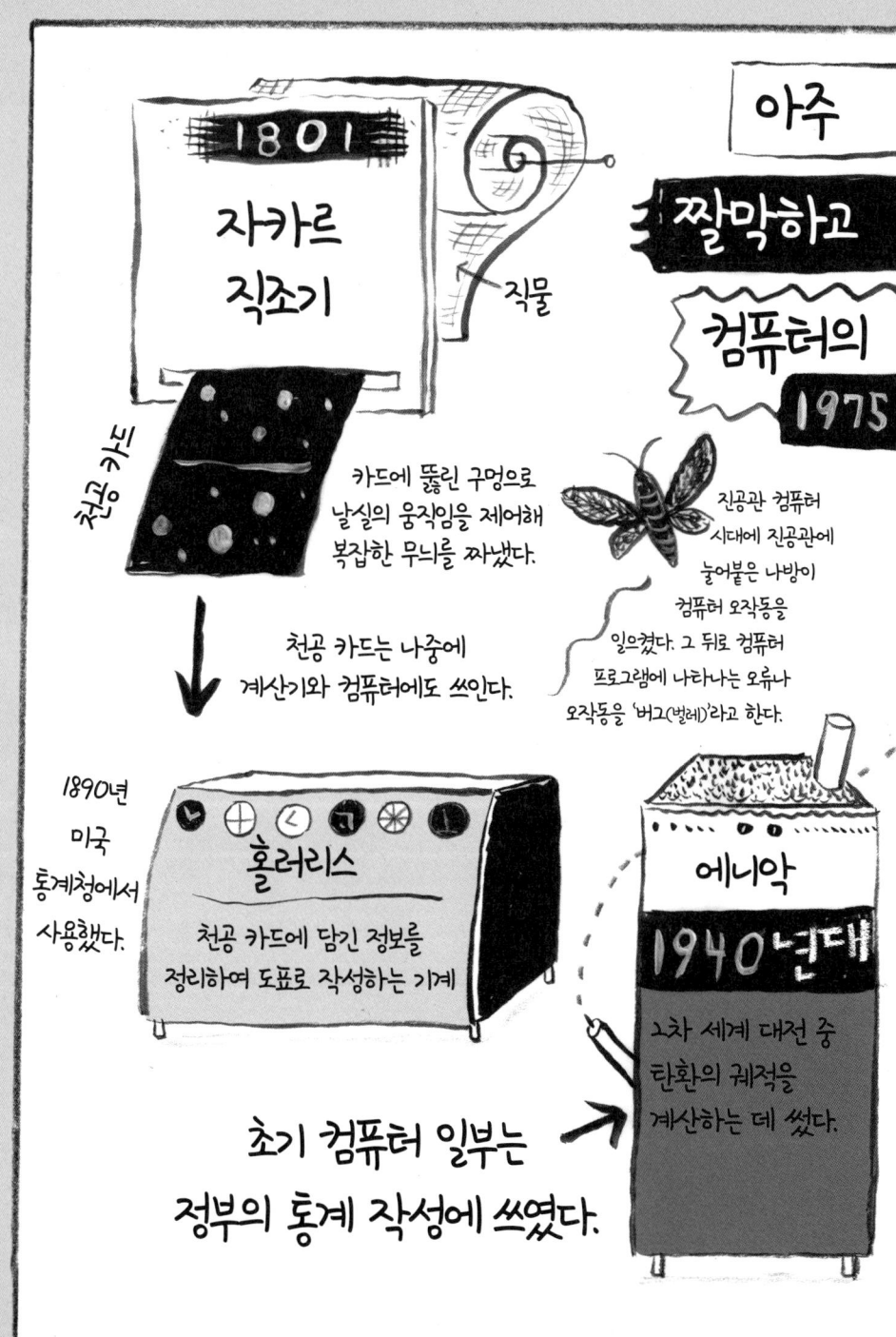

아주 간단한 역사

이전

1935년

에니그마

독일에서 개발한 암호화 기계

2차 세계 대전에서 연합군은 독일군의 암호를 푸느라고 골머리를 앓았다.

1962년

대륙 간 탄도탄 유도 컴퓨터

ICBM

어느 한 대륙에서 다른 대륙까지 날아가는 장거리 미사일의 공격 궤도를 계산한다.

지금도 군대에서 많이 쓴다.

↓

마이크로프로세서 1971

컴퓨터 가격을 낮추고 더 작게 만들게 되었다.

↓

이메일 1971 최초 전송

여전히 대학교나 대기업, 정부에서만 컴퓨터를 사용했다. 크기는 거대했고, 데이터 센터에서 관리했다.

데이터 센터 19 75
관계자 외 출입 금지
들어오지 마시오!

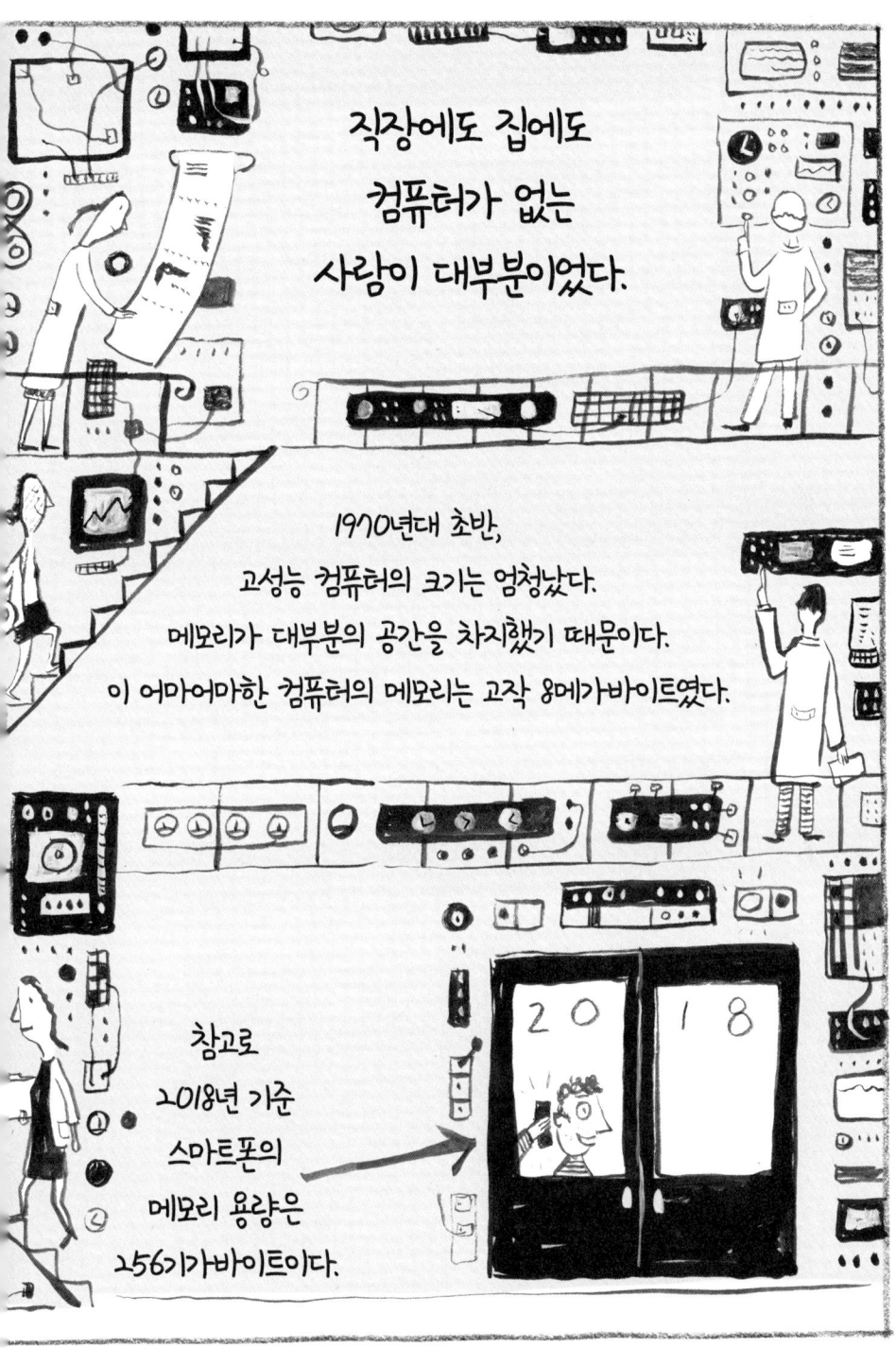

애플 I 컴퓨터를 소개합니다!

중앙 처리 장치는 컴퓨터를 작동하고 통제하는 두뇌 노릇을 한다.

메모리는 데이터와 명령어를 보관하는 곳이다.

프로그램은 컴퓨터가 해석해서 처리할 수 있는 명령어의 집합체이다.

픽셀은 각각의 이미지를 구성하는 점을 가리키며 '화소'라고도 한다.

아직 마우스가 발명되지 않아서 화면에서 원하는 곳으로 이동하려면 방향 키를 써야 했다.

아, 지루해!

애플

1976년의 그래픽은 정교하지 않았다. 오늘날과 달리 픽셀이 컸기 때문이다.

집

개

컴퓨터 화면이 나타내는 이미지는 흑백이었다. 컬러가 있다 해도 아주 드물었다.

1바이트는 알파벳, 숫자, 구두점 같은 문자 하나를 표현할 수 있는 데이터양이다. 단, 한글 문자 하나를 표현하려면 2바이트가 필요하다.

운영 체제(OS)는 컴퓨터를 작동하고 시스템 전체를 관리하는 프로그램이다.

부팅은 디스크나 테이프에 담긴 소프트웨어를 컴퓨터의 램 메모리에서 구동시키는 것을 뜻한다.

↑ 동네 목공소에서 굳아 나무로 만든 상자.

* 램 *
(RAM, Random Access Memory)
컴퓨터의 주기억 장치 중 하나로 사용자가 내용을 자유롭게 읽고 쓰고 지울 수 있다. 램에 기록한 내용은 전원이 끊기면 사라진다.

* 롬 *
(ROM, Read Only Memory)
컴퓨터의 주기억 장치 중 하나로 한번 기록한 정보를 삭제하거나 수정할 수 없다. 롬에 기록한 정보는 전원이 끊겨도 사라지지 않는다.

1킬로바이트(KB)는 1024개의 문자, 한 쪽 분량의 문서를 표현할 수 있는 데이터양이다.

1메가바이트(MB)는 1048576개의 문자, 대략 책 한 권 분량의 문서를 표현할 수 있는 데이터양이다.

1기가바이트(GB)는 문자로 1073741824자, 책으로는 대략 1000권, 책장 하나를 가득 채울 수 있는 데이터양이다.

1테라바이트(TB)는 문자로는 1099511627776자, 책으로는 100만 권, 도서관 하나를 가득 채울 수 있는 데이터양이다.

이야기

6

쑥쑥 커 가다
(1977)

스티브는 스물하나, 워즈는 스물여섯이었다.
마쿨라는 서른네 살로 기술 회사를 퇴직한 백만장자였다.
마케팅과 영업에도 밝아서 사업 성장에 도움이 되었다.

스티브는 마쿨라의 사고방식을 아주 좋아했다.

"스티브, 자네도 알겠지만 부자가 될 목적으로 사업을 시작해서는 안 된다네. 자네 스스로가 믿을 수 있는 제품과 오랫동안 지속해 나갈 회사를 만드는 것을 목표로 삼아야 하네."

스티브는 기계에 관심이 많은 사람들을 넘어서 더 많은 사람들이 좋아할 만한 컴퓨터를 만들고 싶었다. 겉모양이 멋스러울 뿐 아니라 키보드도 딸려 있었으면 했다. 그것은 누구도 시도하지 않았던 형태였다.

스티브는 전자 제품 매장을 돌아다니며 소형 주방 가전의 디자인을 살피고 연구했다.

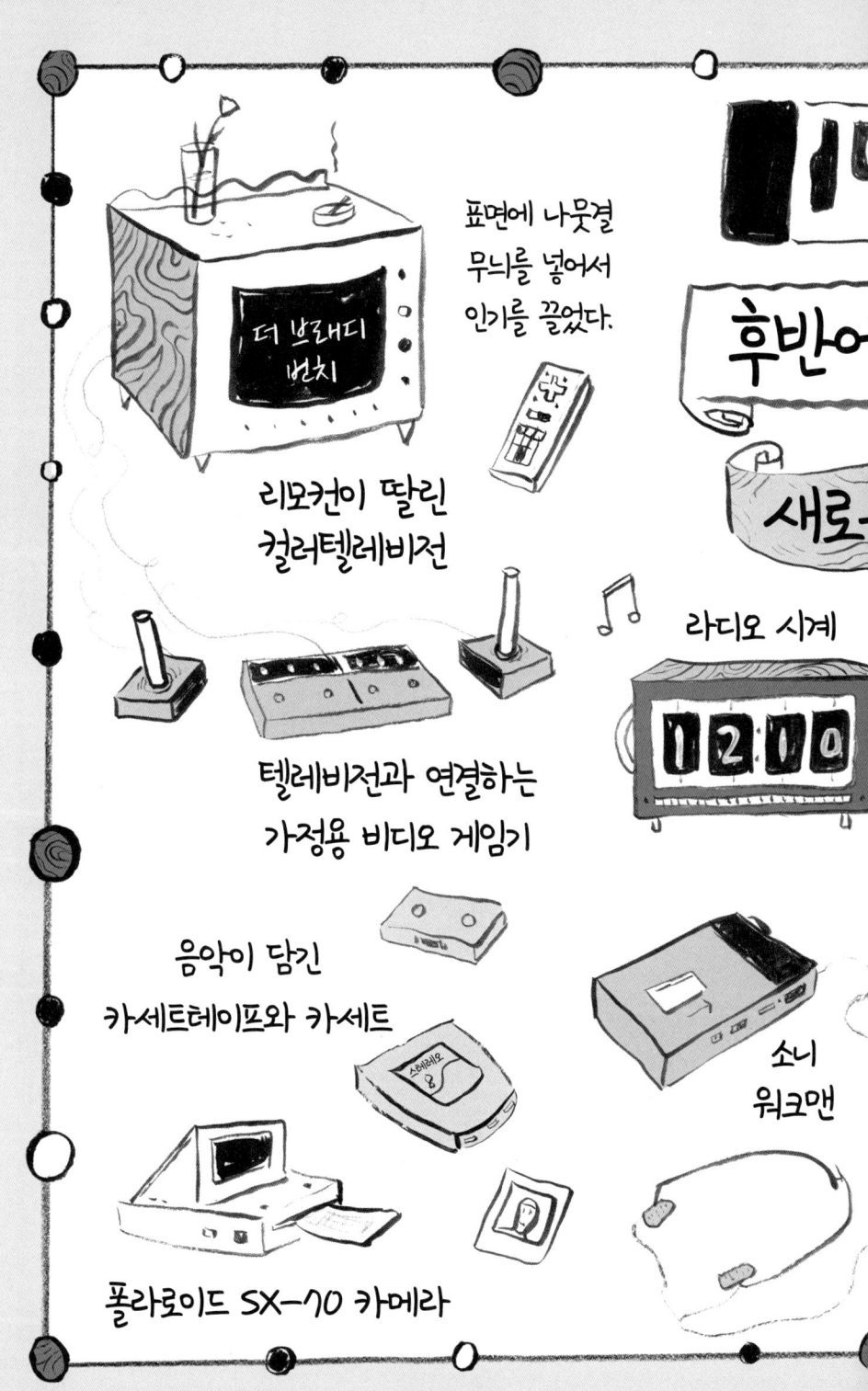

그 사이 워즈는 온갖 마법을 동원해서 더 빠르고 성능 좋은 컴퓨터를 설계하고 있었다.

그리고 마침내 휴렛팩커드를 그만둔다.

어이, 자네들에겐 마케팅 기획이 필요하다네. 회사 로고 같은 것들 말일세.

로고?
기획
텔레비전 광고

지금처럼 일일이 찾아다니며 파는 방식으로는 오래 버틸 수 없어. 알겠나.

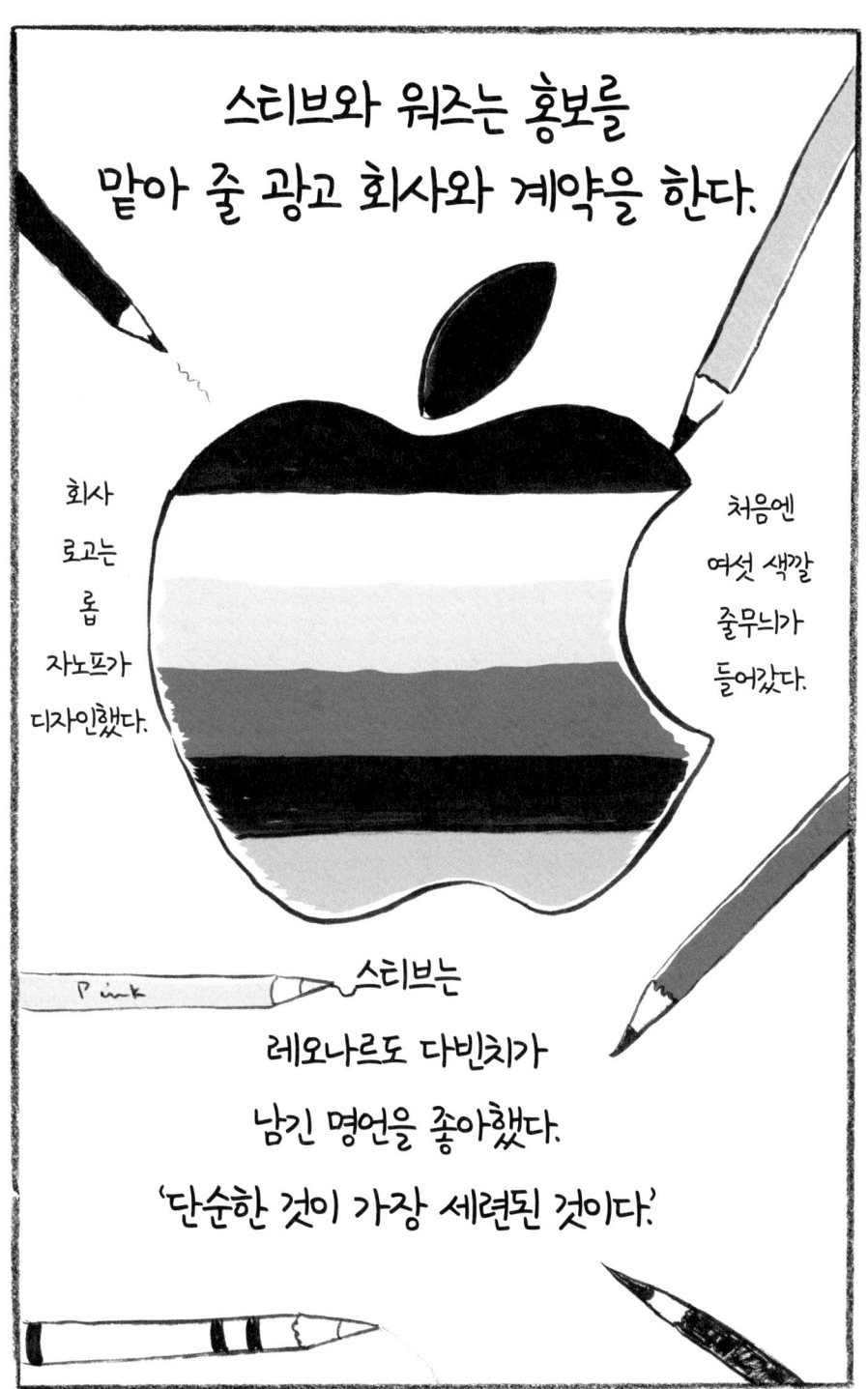

워즈는 애플 일에서 조금씩 손을 떼기 시작했다.

그리고 대학으로 다시 돌아가기로 마음먹는다.

스티브와 워즈는 개인용 컴퓨터 산업을 일으킨 주역이었다. 그건 두 사람이 창의적이고 성실하며 때와 장소를 잘 만난 덕분이었다. 1978년 말 애플의 영업 실적은 790만 달러가 넘었다.

애플 II 시리즈는 그 뒤로 16년 동안 600만 대 가까이 팔렸다.

이야기

7

새 시대가 열리다
(1978~1981년)

1978년 5월, 스티브와 옛 여자 친구 크리스앤 사이에서 딸이 태어난다. 하지만 스티브는 가족을 책임져야 한다는 사실에 짜증스러워하며 신경 쓰지 않으려 했다.

딸 이름은 리사로 지었다.

오로지 새로운 사업과

신제품 개발에만 집중하려 했다.

그 무렵 미국 전체, 특히 실리콘 밸리의 크고 작은 회사들은 너나없이 연구소에서 일할 과학자, 기술자, 디자이너 들을 뽑는 데 열을 올렸다.

미래의 사무실에서 쓰일 아이디어를 꼬집어내기 위해서였다. 가장 앞서 나가던 곳은 컴퓨터 제조 분야에서는 그다지 알려지지 않았던 제록스의 팰로앨토 연구소였다.

때마침 코네티컷주에 있는 제록스의 벤처 투자 본부에서 애플로 연락을 해 왔다. 수많은 다른 투자사들처럼 제록스도 가장 주목받는 새로운 컴퓨터 회사에 투자하고 싶어 했다.

스티브에게도 구미가 당기는 제안이었다.

좋습니다. 그럼 이렇게 합시다. 당신들에게서 100만 달러를 투자받을 테니, 제록스 팰로앨토 연구소에서 연구한 내용을 모두 우리와 공유합시다.

그럽시다.

제록스 벤처 투자 본부는 팰로앨토 연구소가 얼마나 가치 있는 연구를 하고 있는지 알지 못했다.

제록스 벤처 투자 본부는 한 주당 10달러에 애플 주식 10만 주를 사들인다. 1년 뒤 그 가치는 1760만 달러가 되는데 지금의 가치로는 거의 5000만 달러에 이른다.

그래도 이 협상은 여전히 애플에게 더 유리했다.

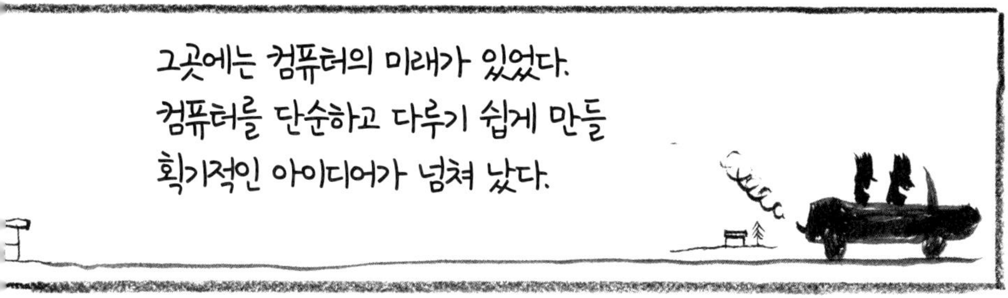

그곳에는 컴퓨터의 미래가 있었다.
컴퓨터를 단순하고 다루기 쉽게 만들
획기적인 아이디어가 넘쳐 났다.

제록스가 왜 그런 멋진 기능들을 가지고도 제록스 스타 컴퓨터를 시장에서 밀어붙이지 않는지 도저히 이해가 안 되는군. 금광을 그냥 깔고 앉아 있는 꼴이잖아.

본사에서 신경을 안 쓰는 것 같아. 오로지 복사기 생각만 하나 봐.

쿠퍼티노

이 아이디어로 많은 걸 할 수 있겠어!

실제로 애플은 새 컴퓨터에 제록스의 새로운 아이디어를 적용한다.

9월까지 애플Ⅱ 컴퓨터는 13만 대가 팔렸다.

이제 애플은 직원 1000명에 건물 15채를 쓰는 회사가 되었다.

제록스 팰로앨토 연구소의 기술과 아이디어가 더해진 새 컴퓨터가 나오면서 애플도 주식을 상장하기에 이른다.

애플은 대단히 성공한 신생 기업이었다.
충성도 높은 고객이 수천에 이르렀고,
수많은 사람들이
애플 주식을 사려고 아우성쳤다.

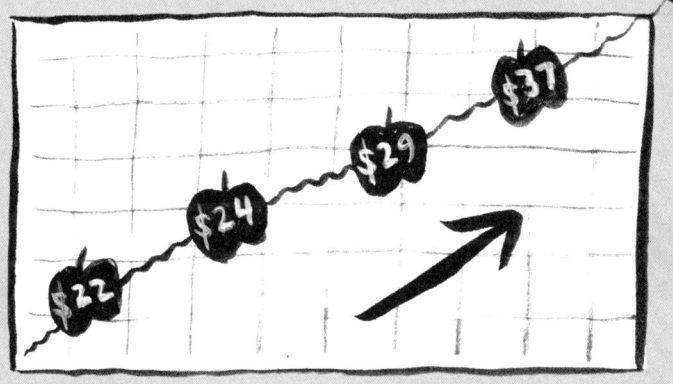

애플의 기업 가치도 가파르게 상승해서,
그해 연말에는
17억 9000달러까지 치솟았다.

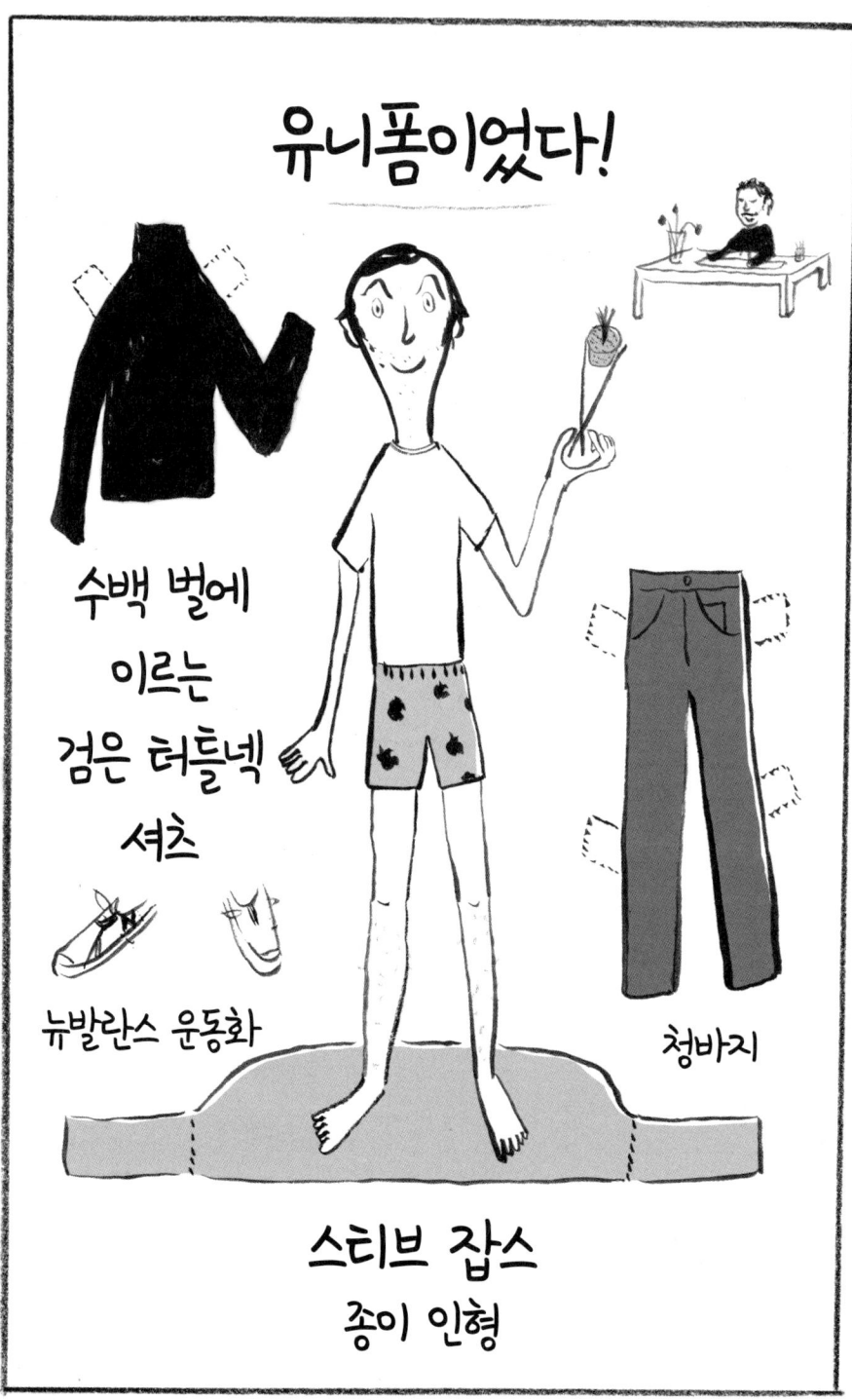

컴퓨터의 겉모양에도 여전히 관심이 많았다. 그래서 디자인에 더 깊숙이 관여하기 시작했다.

작업은 계속되었지만, 애플은 힘든 시기에 접어들었다.
IBM 같은 회사들이 개인용 컴퓨터 사업에 뛰어들었기 때문이다.

IBM의 개인용 컴퓨터

- 규모도 크고 이미 확실하게 자리를 잡은 회사인 IBM에서 만든 제품이다.
- 문서 작성 기능이 좋다.
- IBM 미니스나 거대한 메인 프레임 컴퓨터 (여러 사용자가 함께 쓸 수 있는 대형 컴퓨터)와 연동할 수 있어 대기업에서 선호한다.

소프트웨어 | 컴퓨터에 실행해야 할 업무와 방식을 알려 주는 프로그램들

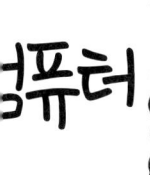

- 뛰어난 스프레드시트(계산을 하고 표를 만들고 그래프를 그리는 등 회사 업무에 널리 쓰이는 프로그램) 프로그램 비지캘크가 탑재되어 있다.
- 작사와 작곡에 적합한 전용 프로그램이 탑재되어 있다.
- 게임, 그래픽, 교육용 소프트웨어가 탑재되어 있다.
- 초·중·고·대학교에서 좋아하는 모델이다.

| 하드웨어 | 컴퓨터를 구성하는 기계 장치의 몸체를 비롯한 물질적인 부분 |

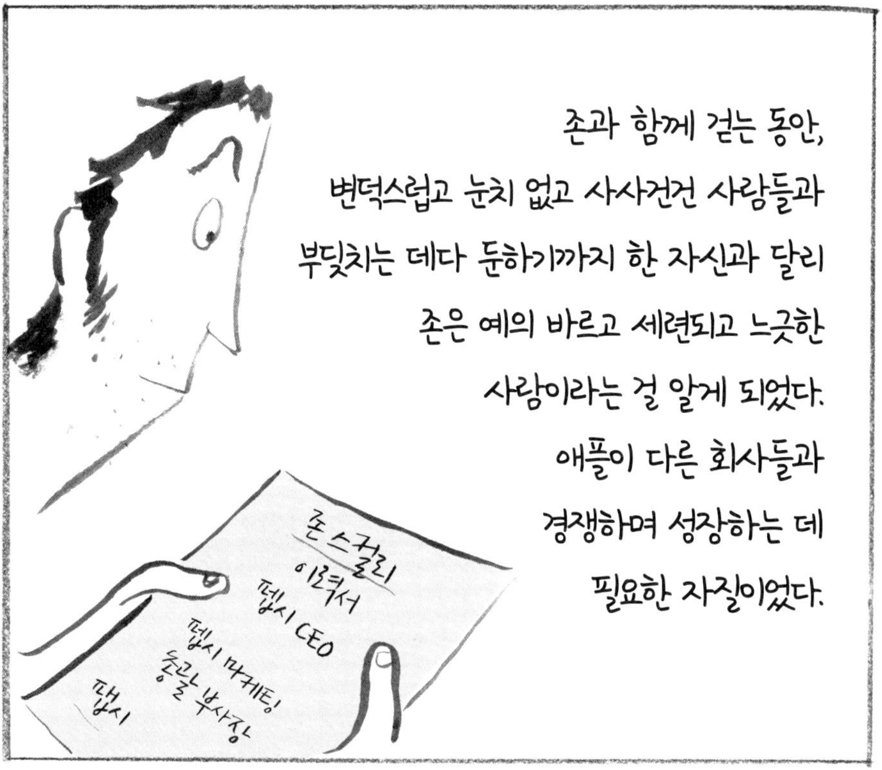

존과 함께 걷는 동안,
변덕스럽고 눈치 없고 사사건건 사람들과
부딪치는 데다 둔하기까지 한 자신과 달리
존은 예의 바르고 세련되고 느긋한
사람이라는 걸 알게 되었다.
애플이 다른 회사들과
경쟁하며 성장하는 데
필요한 자질이었다.

난 펩시에서 일하는 게 썩 마음에 든다네. 게다가 난 컴퓨터의 '컴' 자도 몰라.

 존이 사장에 취임하자마자
둘은 서로 부딪치기 시작한다.

이미 잘 알려진 음료 회사의 사장 자리는
해마다 비슷한 제품을 내놓으면 그만이었다.
하지만 최첨단 기술 회사를 운영한다는 것은
끊임없는 개선과 혁신을 통해 완전히 새롭고
뛰어난 제품을 내놓아야 하는 일이었다.

마침 1984년이었고, 문제작 〈블레이드 러너〉를 만든 리들리 스콧 감독이 광고 시안을 맡았다.

스티브는 애플 제품이 창조적이고 멋지고 상식을 깨는 작업에 적합한 도구라는 것을 광고를 통해 보여 주고 싶었다.

애플의 새로운 텔레비전 광고에 영감을 준 것은 바로 조지 오웰의 소설 《1984》였다.

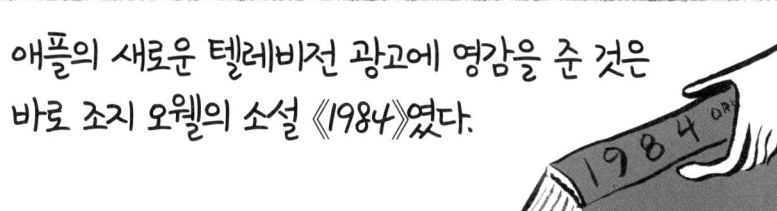

《1984》는 '빅 브라더'라고 불리는 독재자가 지배하는 폐쇄적이고 통제된 미래 사회를 그린 소설이다.

매킨토시 광고 주인공은 스크린 속의 빅 브라더에게 망치를 내던진다.

스티브의 뜻대로 만든 광고였다.

광고가 나가자 사람들은 환호했다.

끝내주는데?

지금껏 나온 광고 중 최고야!

오는 1월 24일 애플 컴퓨터는 매킨토시를 선보입니다. 그리고 여러분은 지금의 1984년이 왜 소설 속의 1984년과 다른지 알게 될 것입니다.

마이크로소프트는 부끄러운 줄도 모르고 우리 애플을 따라 하고 있어. 그래픽 사용자 인터페이스 구이, 위지위그, 창 겹치기 기능까지 그대로 베꼈다고.

웃기시네. 너희도 제록스 팰로앨토 연구소의 기술을 베끼긴 마찬가지잖아.

이런 말이 있지. '좋은 예술가는 모방할 뿐이지만, 위대한 예술가는 훔친다!'

스티브는 딱 한 주만 남기고 애플 주식 전부를 조용히 팔아 치웠다. 그 가치는 1억 달러로, 오늘날로 치면 2억 1700만 달러에 이른다. 1986년, 애플 주식은 한 주에 4달러로 거래되었다.

스티브는 나이 서른에 엄청난 부자가 되었지만 조금은 비참한 기분도 들었다.

다음엔 뭘 할지를 생각하며 유럽을 여행할 때였다.

'넥스트(NEXT, 다음)'라는 이름으로 새로운 회사를 시작해 볼까?

새 컴퓨터는

정육면체로 만들 생각이었다.

회사 로고도

정육면체였다.

나는 폴 랜드야!

디자인은 유명 디자이너한테 맡겼다.

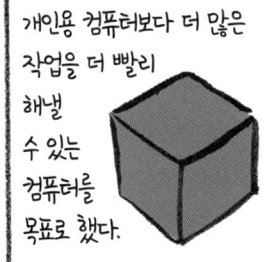

개인용 컴퓨터보다 더 많은 작업을 더 빨리 해낼 수 있는 컴퓨터를 목표로 했다.

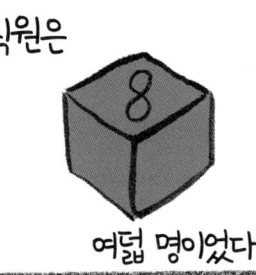

직원은

여덟 명이었다.

주요 고객은

대학교 연구실이 될 터였다.

넥스트는 한 발 한 발 힘겹게 나아갔다.
스티브의 완벽주의 때문에 제품 출시가 계속 늦춰진 탓이었다.

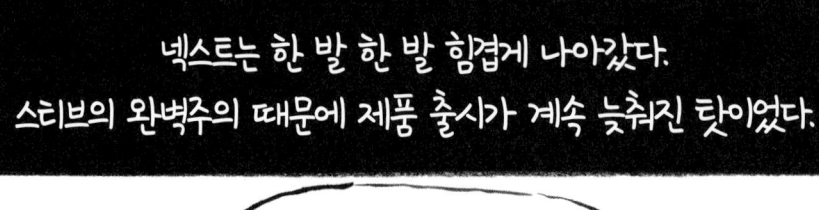

"넥스트 컴퓨터 출시가 왜 이렇게 늦어지는 건가요?"

"늦어지는 게 아니라 계획보다 5년 앞당겨진 겁니다."

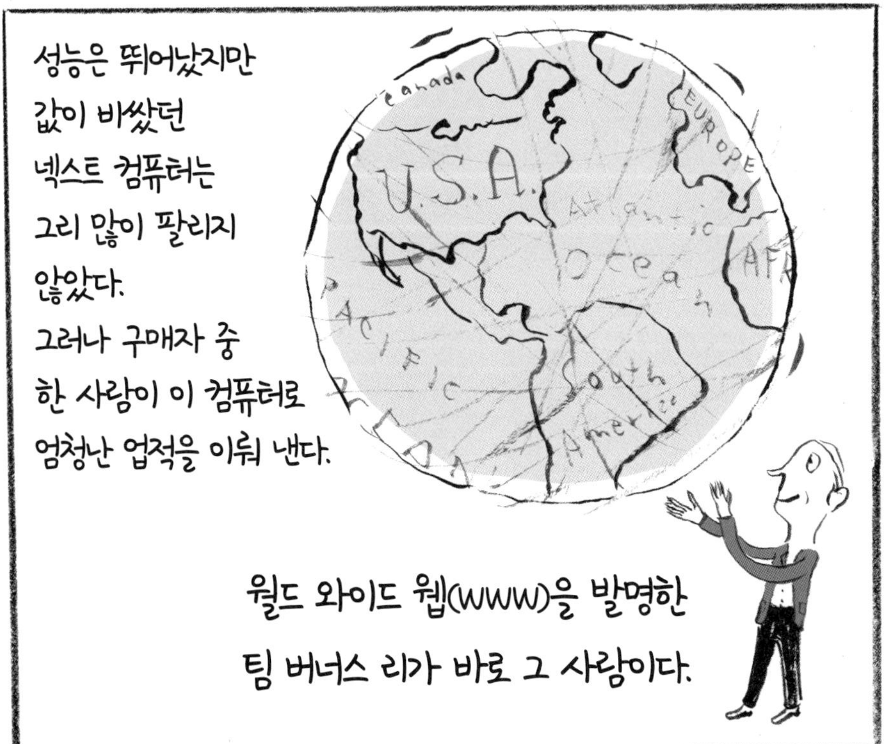

성능은 뛰어났지만 값이 비쌌던 넥스트 컴퓨터는 그리 많이 팔리지 않았다. 그러나 구매자 중 한 사람이 이 컴퓨터로 엄청난 업적을 이뤄 낸다.

월드 와이드 웹(WWW)을 발명한 팀 버너스 리가 바로 그 사람이다.

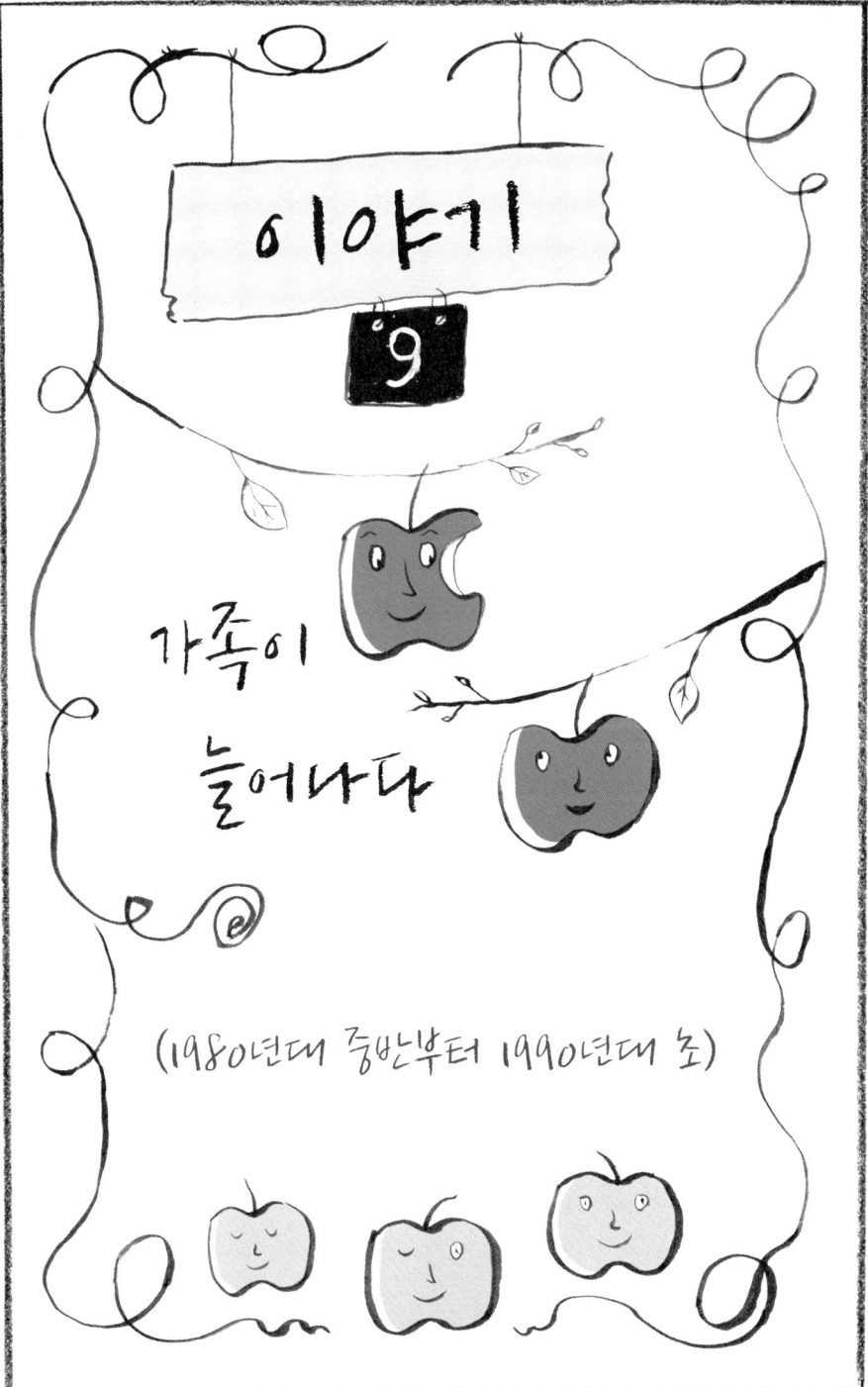

로렌은 철저한 채식주의자에 매우 현실적인 사람이었다. 스티브의 튀는 면들을 생각하면 균형이 아주 잘 맞는 셈이었다.

둘은 1991년 결혼을 하고 이듬해에 아들 리드를 낳았다.

스티브와 전 여자 친구 사이에서 태어난

열세 살짜리 딸 리사도 함께였다.

스티브와 가족들은 팰로앨토의 낡은 집에서 꽤 검소하게 지냈다.

그러던 중 새로운 아이디어가 떠올랐다.

픽사를 대표하는 애니메이션 감독, 존 래시터

"컴퓨터 애니메이션이 얼마나 세련됐는지 보여 줄 수 있는 단편 애니메이션을 한 편 만들면 어떨까요?"

"좋아요!"

디즈니에서 경험을 쌓은 래시터는 스티브처럼 선견지명과 함께 엄청난 재능을 지닌 사람이었다.

전통적인 애니메이션은 셀이라고 하는 투명 필름 수만 장에 손으로 직접 그림을 그려서 만들었다.

그에 비하면 컴퓨터 애니메이션은 완전 신세계였다!

책상 위의 스탠드 룩소가 주인공인 단편 애니메이션 〈룩소 2세〉는 온갖 상을 휩쓸었다.

* 1974년부터 해마다 열리는 컴퓨터 그래픽 국제 전시회.

픽사는 텔레비전 광고용 애니메이션을 만드는 새로운 사업을 선보인다. 하지만 그것만으로는 부족했고 끝내 파산 위기에 처한다.

그때 애니메이션 사업부에서
또 다른 단편 애니메이션을 만들자고 제안한다.

"장난감 병정에 대한 이야기예요."

"그러니까 이 영화를 만드는 데 30만 달러가 필요하다는 말이죠?"

스티브는 확신이 없었다.

스티브가 가진 픽사의 주식 가치는 120억 달러에 이르렀다.

그럼에도 스티브는 검소한 생활을 이어 간다.

요트는 절대로 사지 않을 거야.* 나는 돈을 벌려고 이 일을 하는 게 아니니까.

* 하하, 과연 그럴까요? 216~217쪽을 보시라!

픽사가 성장하면서 스티브는 직원들이 편하게 만나 어울릴 수 있도록 거대한 아트리움이 있는 새로운 건물을 설계한다.

아트리움

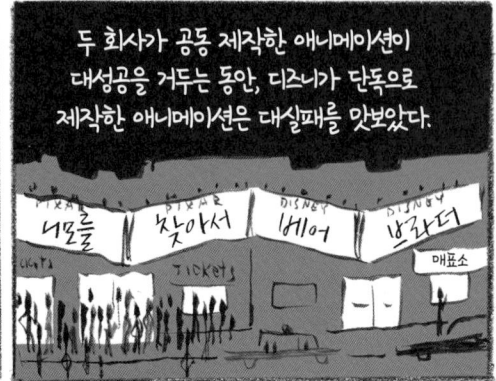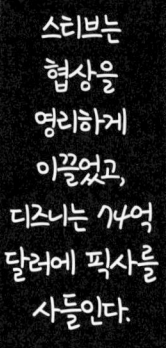

| 1997 | 스티브는 여전히 잘나가는 픽사와 쓰러져 가는 넥스트를 함께 이끌고 있었다.  | 그 와중에 애플로 돌아오게 된다. |

스티브가 떠나 있는 동안 애플은 추락하고 있었다.*
존 스컬리는 오래 전에 회사를 떠났고,
그 뒤를 이은 최고 경영자들도 마찬가지였다.
시장은 아이비엠 컴퓨터와
마이크로소프트의 윈도 프로그램이
지배하고 있었다.

* 애플은 1997년 한 해에만 10억 달러가 넘는 적자를 냈다.

애플은 쓸데없이 너무 많은 제품을 만들려고 했고,

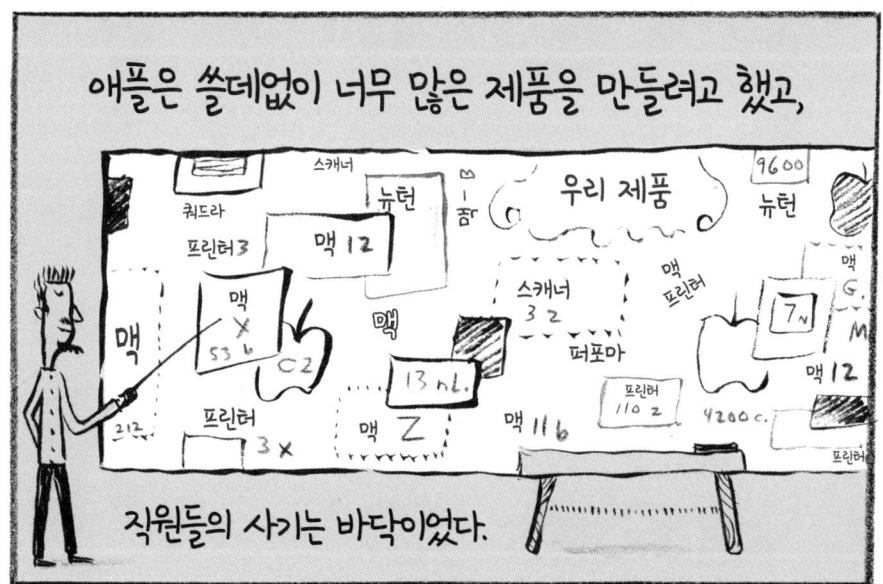

직원들의 사기는 바닥이었다.

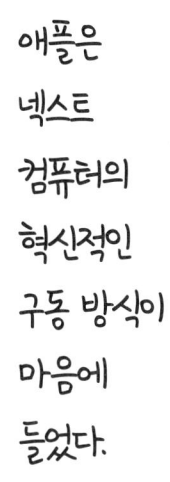

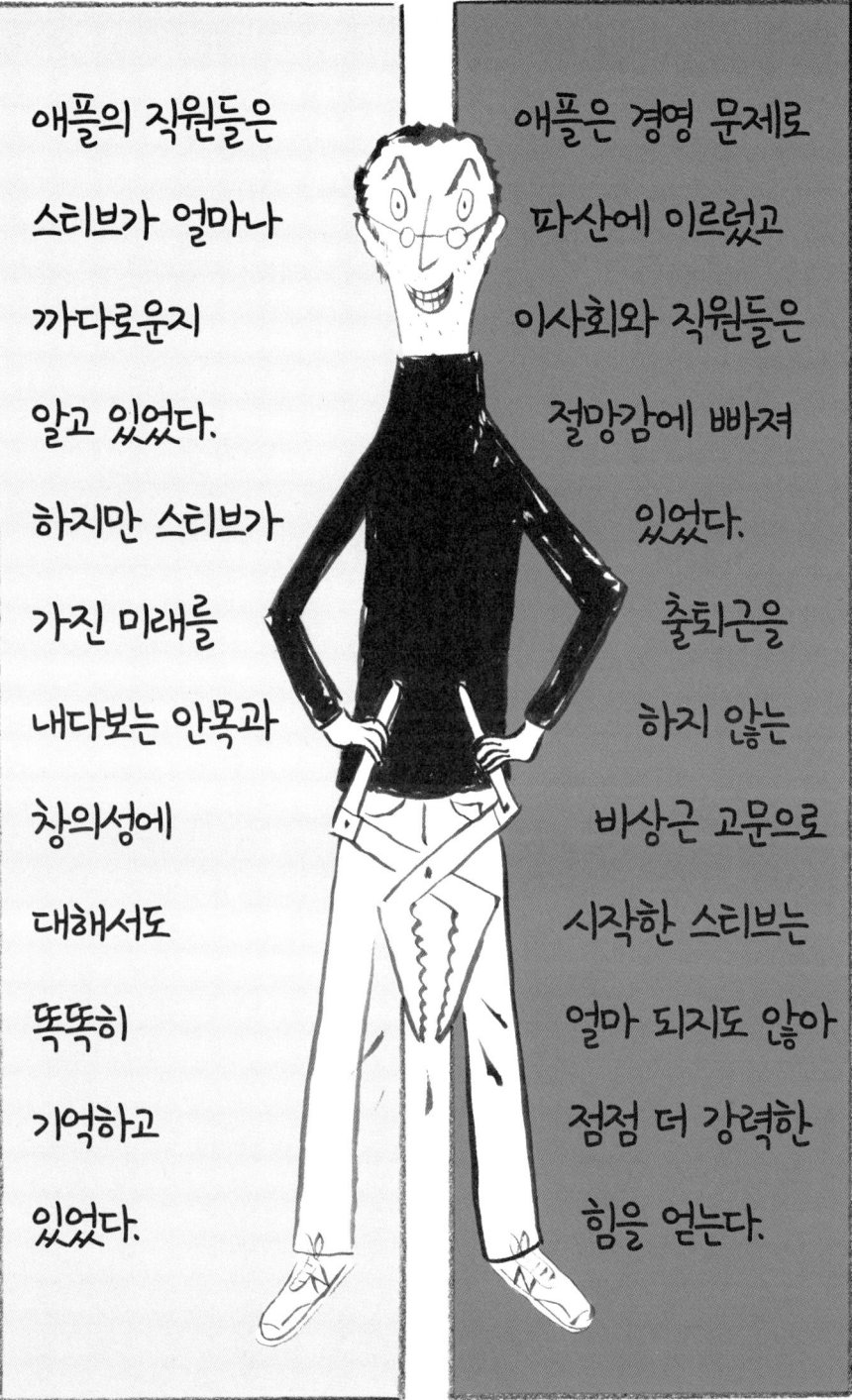

애플의 직원들은 스티브가 얼마나 까다로운지 알고 있었다. 하지만 스티브가 가진 미래를 내다보는 안목과 창의성에 대해서도 똑똑히 기억하고 있었다.

애플은 경영 문제로 파산에 이르렀고 이사회와 직원들은 절망감에 빠져 있었다. 출퇴근을 하지 않는 비상근 고문으로 시작한 스티브는 얼마 되지도 않아 점점 더 강력한 힘을 얻는다.

스티브는 애플과 넥스트를 시작할 무렵에
자신이 너무도 극단적이었다는 것을 깨달았다.
그래서 이제는 보다 합리적인 결정을 하려고 노력했다.

년대 신기술

소니 플레이스테이션

디브이디 우편 대여

온라인 경매

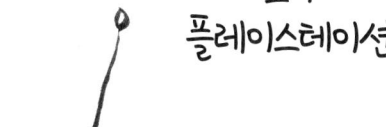
휴대 전화는 더 작아지고 싸졌다. 하지만 사용법은 여전히 복잡했다.

휴대용 음악 재생기가 넘쳐 났다.

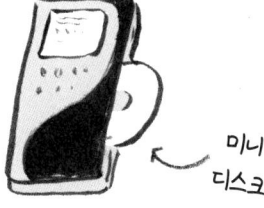
미니 디스크

시디 50장에 나눠 담아야 하는 음악을 한꺼번에 저장할 수 있는 엠피스리(MP3) 기술이 개발되었다.

스티브는 창고 안에 매장 모형을 만들어 놓고
겉모습과 느낌을 수정해 나갔다.
물론 모든 일은 비밀리에 진행되었다.

혁신적인 반투명 계단을 디자인해서 특허를 받기도 한다.

매장 바닥에는 이탈리아에서 수입한 특별한 사암을 깔았다.

본 조르노!
이탈리아

스티브, 이건 어때요? 매장에 전문 지식을 갖춘 직원들을 배치하고 '지니어스'라고 부르는 거예요.

별론데. 그리고 그런 애들은 다 좀 이상해.

이야기 12

사업을 확장하다
(2000~2004)

스티브는 늘 애플 제품을 구매한 고객들이 더 나은 경험을 할 수 있도록 노력해 왔다. 파이어 와이어라고 하는 데이터 전송용 케이블과 몇몇 멋진 애플리케이션을 개발한 것도 그래서이다.

아이포토
(iPhoto, 사진 편집·관리 소프트웨어)

아이무비
(iMovie, 동영상 편집·관리 소프트웨어)

파이널 컷 프로
(Final Cut Pro, 전문가용 영상 및 오디오 편집 소프트웨어)

아이디브이디
(iDVD, 디브이디 제작 소프트웨어)

개러지 밴드
(Garage Band, 음악 제작 소프트웨어)

제품 앞에 붙은 i는 무엇을 나타내는 것일까? 개인(individual), 즉각적(instant), 정보(inform), 영감을 주는(inspire), 그리고 인터넷(internet)을 뜻하는 영어 단어에서 첫 글자를 딴 것이라고 한다.

그리고 아이튠즈(iTunes)!

스티브는 비틀스와 밥 딜런을 사랑하는 엄청난 음악 마니아였다. 그러다 보니 음악 파일을 관리하고 편집하고 재생하며 즐기는 새롭고도 기발한 놀이 방식을 떠올리게 된다.

그 무렵에 나온 휴대용 음악 재생기들은 하나같이 디자인이 엉망인데다 쓰기 불편했다.

일본 음식에
푹 빠진 스티브는
미국으로 돌아온 뒤,
애플 구내식당 요리사를
일본 쓰키지 소바 아카데미에
연수를 보낸다.

쓰키지 소바

애플 디자이너와
기술자 들은

아주 작은 저장 장치

도시바에서
도입한
신기술을 이용해
비밀리에
신제품을 개발한다.

과연 무엇일까?

바로 휴대용 음악 재생기였다!
지금 시장에 나와 있는 제품들은
죄다 #% & * @ !!!
미니
디스크
플레이어
인터페이스가
엉망이야!
리오
못생겼어!
너무
크고
투박해!
소니
시디
플레이어
게다가 시디를 넣어야 해.

그렇다. 스티브는 사람들을 설득하는 데 도가 텄다. 어떤 사람이 스티브에게 하룻밤 만에 시제품을 만들어 내라거나 내일 아침 회의 때 새로운 아이디어 열 가지를 가져오라는 비현실적인 주문을 받는다면…

그 유명한 현실 왜곡장*에 발을 들여놓았다는 소리다.

* 영화 〈스타트렉〉에서 외계인들이 정신력만으로 만들어 낸 새로운 세계를 뜻하는 말이다. 스티브가 일하는 방식도 그와 비슷하다는 의미로 애플의 직원 버드 트리블이 처음 쓰기 시작했다.

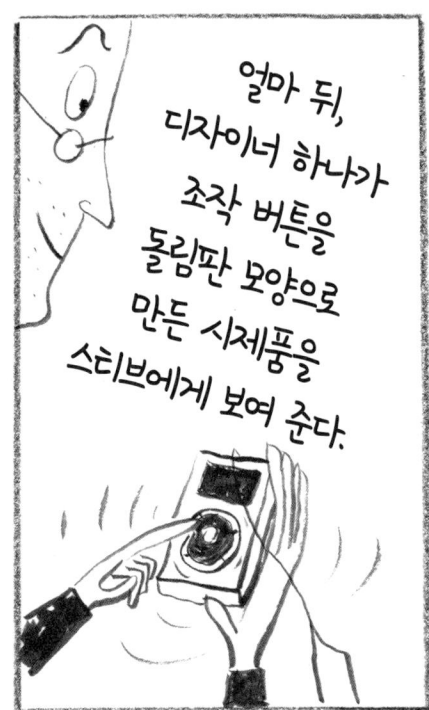

2003
불법 다운로드를 막을 방법이 있어요. 아이튠즈 스토어를 열어서 좋아하는 곡이나 앨범을 싼 값에 쉽게 살 수 있도록 하는 거예요.

그거 괜찮은 생각인데요. 근데 수많은 음반 회사를 설득할 수 있겠어요?
당연하죠.
스티브, 당신은 너무 많은 일에 손대고 있어요. 픽사에다 애플, 게다가 이젠 음악 사업까지.
하고 싶은 일이 너무 많아요. 그런데 오래 못 살 것 같은 예감이 들어요.

마침내 가수와 음반 제작자들이 계약서에 서명한다. 스티브는 음반 회사들이 아이튠즈 스토어를 통해 온라인으로 자신들의 음악을 판매하게 하고, 사람들이 지금껏 공짜로 내려받던 음악을 돈을 내고 듣게 만들었다.

이 아이디어는 음악 산업에 혁명을 불러일으킨다.

그 무렵 애플에서는 미래형 태블릿에 쓸 '멀티 터치' 기술을 개발하고 있었다.

하지만 멀티 터치 기능이 있는 시제품을 처음 만져 본 순간, 스티브는 이 기술을 휴대 전화 개발에 끌어오기로 마음먹었다.

멀티 터치 기능이 있으면 손가락으로 건드려서 여러 가지 작업을 할 수 있다.

이게 바로 미래야!

바로 이거라고!

조니 아이브

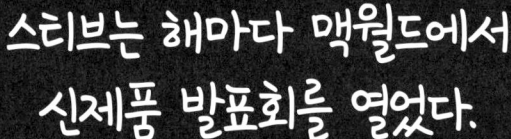

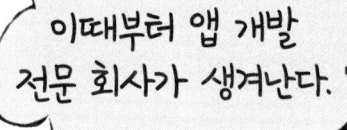

이 멋진 기기는 흔히 '앱'이라고 부르는 수천 가지 멋진 애플리케이션을 낳았다.

지금 이 노래 찾아 줘!

이때부터 앱 개발 전문 회사가 생겨난다.

모든 앱은 애플의 인증을 받아야 하며, 오직 아이튠즈 스토어에서만 사거나 내려받을 수 있다.

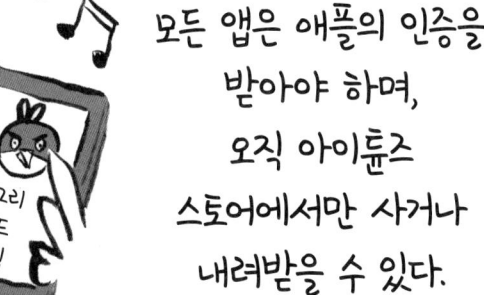

아이튠즈 스토어가 생기고 한 달 만에 6000만 개가 넘는 앱이 팔렸다.

여덟 달이 지나자 10억 개 넘는 앱이 다운로드 되었다.

휴대 전화가
전 세계로 퍼져 나간다.

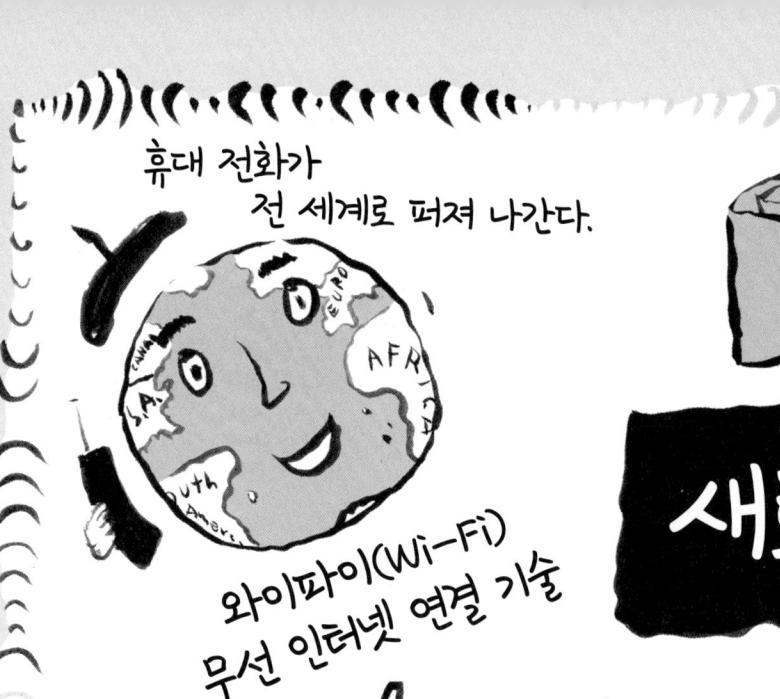

2000

새로운

와이파이(Wi-Fi)
무선 인터넷 연결 기술

휴대형 메모리

Google

전자책

'검색하다' 대신 '구글링'이라는
말이 널리 쓰인다.

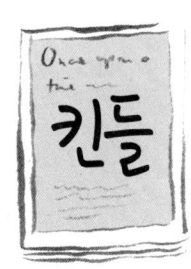

킨들

누크

태블릿   스타일러스 펜이나
손가락으로 조작하는
휴대용 컴퓨터

여보, 먹어 봐요.
전부 텃밭에서
기른 거예요.

암은 스티브의 식욕마저 앗아 갔다.

일 중독자였던 스티브는
거의 모든 시간을 사업과

시제품
N-3

마지막 신제품을
생각하며 보냈다.

2005년 스티브는 스탠퍼드 대학 졸업식에서 축사를 한다. 병은 점점 더 악화되고 있었다.

여러분의 시간은 한정되어 있습니다.

다른 사람의 삶을 사느라 허비하지 마세요. 어떤 철학과 이론에도 무조건 기대지 마세요. 그러면 자신의 삶을 다른 사람의 생각으로 살아가게 됩니다.

다른 사람들의 이런저런 의견이 여러분 내면의 목소리를 짓누르게 하지 마세요.

스탠퍼드 대학

참고 자료와 취재 노트

이 책을 쓰고 그리려고 모은 자료의 높이만 1미터가 훌쩍 넘는다. 스티브 잡스의 이야기를 다룬 서적, 신문, 잡지, 영상물 들을 참고했다. 그리고 1960~1970년대에 발행한 과학 잡지 〈파퓰러 일렉트로닉스Popular Electronics〉, 〈파퓰러 메카닉스Popular Mechanics〉, 〈메카닉스 일러스트레이티드Mechanix Illustrated〉의 낡은 복사본까지 찾아 그 내용을 확인했다.

또 스티브가 자라고 머물던 곳의 지도와 각종 스케치를 모았다. 여러 차례 실리콘 밸리에 다녀왔으며, 마운틴뷰의 컴퓨터 역사박물관과 팰로앨토의 스탠퍼드 대학 선형 가속기 연구소를 찾아갔다. 물론 제록스 팰로앨토 연구소도 빼놓지 않았다.

스티브가 성장한 로스앨터스 집에도 가 보았다. 바로 이곳 차고에서 애플 컴퓨터가 탄생했다. 스티브가 생을 마감한 팰로앨토 집도 슬쩍 엿보았다. 취재를 마치기 전, 샌프란시스코만 북부로 돌아가 픽사 스튜디오를 둘러보았다.

취재 노트에서 따로 언급하지 않은 내용은 상상력을 더해 만들어 낸 이야기이다.

- '나쁜 스티브를 찬양하며In Praise of Bad Steve' 데이비드 W. 브라운David W. Brown, 〈디 애틀랜틱The Atlantic〉, 2011년 10월 6일.
- 《스티브 잡스의 길: 새로운 세대를 위한 아이리더십The Steve Jobs Way: iLeadership for a New Generation》제이 엘리엇Jay Elliot, 뱅가드 프레스Vanguard Press, 2011.
- 《컴퓨터COMPUTER》마이크 골드스미스Mike Goldsmith, 톰 잭슨Tom Jackson, 디케이 출판사DK Publishing, 2011.
- '1994년의 스티브 잡스: 롤링스톤 인터뷰Steve Jobs in 1994: The Rolling Stone Interview', 제프 구델Jeff Goodell, 1994년 6월 16일.
- 《스티브 잡스Steve Jobs》월터 아이작슨Walter Isaacson, 사이먼 앤드 슈스터Simon and Schuster, 2011.
- '맥월드 엑스포 기조연설', 스티브 잡스, 2007.
- '스탠퍼드 대학교 졸업식 연설', 스티브 잡스, 2005년 6월 12일.
- '얼간이 잡스Jobs the Jerk' 파하드 만주Farhad Manjoo, 〈슬레이트Slate〉, 2011년 10월 25일.
- '애플 컴퓨터 공동 창업자, 주식 증자로 노다지를 캐다!Apple Computer Co-Founder Strikes Gold with New Stock' 존 마르코프John Markoff, 〈뉴욕 타임스New York Times〉, 1995년 11월 30일자.
- 《도마우스가 한 말: 60년대 저항 문화는 어떻게 개인용 컴퓨터를 만들어 냈는가?What the Dormouse Said: How the Sixties Counterculture Shaped the Personal Computer》존 마르코프, 바이킹 북스Viking Books, 2005.
- 《작은 왕국으로 돌아가다: 애플과 스티브 잡스는 어떻게 세상을 바꿨는가?Return to the Little Kingdom: How Apple and Steve Jobs Changed the World》마이클 모리츠Michael Moritz, 오버룩 프레스Overlook Press, 2009.
- '스티브 잡스가 밝히다Steve Jobs Speaks Out' 벳시 모리스Betsy Morris, 〈포춘Fortune〉, 2008년 5월호.
- '스미소니언 협회 스티브 잡스 인터뷰Smithsonian Institution Oral History interview with Steve Jobs' 대니얼 모로Daniel Morrow, 1995년 4월 20일.
- '스티브 잡스 인터뷰: 1995년의 일대일Steve Jobs interview: One-on-One in 1995' 대니얼 모로, 〈컴퓨터 월드Computer World〉, 1995년 4월호.
- 《코어 메모리: 빈티지 컴퓨터에 대한 시각적 조사Core Memory: A Visual Survey of Vintage Computers》, 마크 리처드Mark Richards, 존 올더먼John Alderman, 크로니클 북스Chronicle Books, 2007.
- '작은 블루 박스의 비밀Secrets of the Little Blue Box' 론 로젠바움Ron Rosenbaum, 〈에스콰이어Esquire〉, 1971년 10월호.
- '스티브 잡스Steve Jobs' 데이비드 셰프David Sheff, 〈플레이보이Playboy〉, 1985년 2월호.
- 〈괴짜들의 승리: 우연의 제국이 탄생하다Triumph of the Nerds: The Rise of Accidental Empires〉. 앰브로즈 비디오Ambrose Video, 2002.
- '스티브 잡스: 차세대를 이끌 훌륭한 것들Steve Jobs: The Next Insanely Great Thing' 게리 울프Gary Wolf, 〈와이어드Wired〉, 1996년 2월.

미치광이들에게 행운이 있기를! 스티브 잡스가 참여한 광고 문구

이야기 ① 실리콘 밸리에서 자란 어린 시절 이야기: 월터 아이작슨의 책과 스미소니언 인터뷰
이모진 힐 선생님 이야기 : 잡지 〈플레이보이〉와 〈컴퓨터 월드〉에 실린 기사
휴렛팩커드 기술자 래리 랭 아저씨와의 이야기 : 잡지 〈컴퓨터 월드〉에 실린 기사와 스미소니언 인터뷰

이야기 ② 주파수 계수기를 만든 이야기: 잡지 〈플레이보이〉에 실린 기사와 월터 아이작슨의 책

이야기 ③ 블루 박스 이야기 : 잡지 〈에스콰이어〉에 실린 기사
블루 박스를 만든 이야기 : 마이클 모리츠의 책
블루 박스를 판 이야기 : 잡지 〈플레이보이〉에 실린 기사와 월터 아이작슨의 책

이야기 ④ 리드 칼리지 재학 시절 이야기 : 월터 아이작슨의 책
"만약 오늘이 내 삶의 마지막 날이라면….": 스탠퍼드 대학교 졸업식 연설
"정신적 스승을 찾으러 갈 거예요!": 월터 아이작슨의 책
"매일이 마지막 날인 것처럼 살자.": 잡지 〈포춘〉에 실린 기사
선승 고분 치노를 만난 이야기: 월터 아이작슨의 책

이야기 ⑤ "안 된다는 말은 절대 하지 말게.": 월터 아이작슨의 책
컴퓨터의 역사 : 컴퓨터 역사 박물관, 마이크 골드스미스와 톰 잭슨의 책, 마크 리처드와 존 올더먼의 책
애플 회사 이름을 정한 이야기: 월터 아이작슨의 책과 마이클 모리츠의 책
"워즈가 없었다면 불가능했을 거야….": 잡지 〈플레이보이〉에 실린 기사

이야기 ⑥ 마쿨라와의 이야기: 월터 아이작슨의 책과 마이클 모리츠의 책
애플의 초창기와 애플 II의 첫 사용에 대한 이야기: 마이클 모리츠의 책
"부자가 될 목적으로 사업을 시작해서는 안 된다네.": 월터 아이작슨의 책

이야기 ⑦ 제록스 팰로앨토 연구소 이야기: 다큐멘터리 〈괴짜들의 승리〉

이야기 ⑧ "사람 목숨을 구하는 일이라고 생각하면….": 다큐멘터리 〈괴짜들의 승리〉
"남은 인생을 설탕물이나 팔면서 허비할 건가요.": 다큐멘터리 〈괴짜들의 승리〉
"좋은 예술가는 모방할 뿐이지만, 위대한 예술가는 훔친다!": 다큐멘터리 〈괴짜들의 승리〉
애플 회사에서 쫓겨난 이야기: 월터 아이작슨의 책
넥스트 이야기: 월터 아이작슨의 책

이야기 ❾   친어머니를 찾은 이야기와 로렌 파웰을 만난 이야기: 월터 아이작슨의 책

이야기 ❿   초창기 픽사 이야기: 월터 아이작슨의 책
             "요트는 절대 사지 않을 거야.": 일간 신문 〈뉴욕 타임스〉에 실린 기사

이야기 ⓫   "친구에게 어떤 제품을 사라고 해야 하죠?": 월터 아이작슨의 책.
             "젯슨 가족이라면 어떤 컴퓨터를 갖고 싶어 할까요?": 월터 아이작슨의 책
             "알렉산더 그레이엄 벨이 전화기를 발명하기 전에 시장 조사를 했을까요?": 월터 아이작슨의 책
             "헨리 포드가 이런 말을 했죠.": 제이 엘리엇의 책
             첫 번째 애플 매장을 디자인한 이야기: 월터 아이작슨의 책.

이야기 ⓬   "딸깍하는 소리가 마음에 들지 않아!": 잡지 〈슬레이트〉에 실린 기사
             아이팟을 개발한 이야기: 월터 아이작슨의 책
             아이팟 시제품을 어항에 던져 넣은 이야기: 잡지 〈디 아틀랜틱〉에 실린 기사
             "아이팟에 뭐가 들어 있나요?": 월터 아이작슨의 책

이야기 ⓭   휴대 전화의 역사와 아이폰 개발에 대한 이야기: 제이 엘리엇의 책
             "우리 전화기에는 버튼이 딱 하나만 있어야 해!": 제이 엘리엇의 책과 잡지 〈포춘〉에 실린 기사
             아이폰 디자인에 대한 이야기: 월터 아이작슨의 책
             "이게 바로 미래야!": 월터 아이작슨의 책
             "혁명적인 제품은 때때로 모든 것을 바꾸어 버리지요.": 맥월드 엑스포에서 기조 연설
             가전제품 고르는 이야기: 잡지 〈와이어드〉에 실린 기사
             가족용 요트를 만든 이야기: 월터 아이작슨의 책
             "여러분의 시간은 한정되어 있습니다.": 스탠퍼드 대학 졸업식 연설

지은이 **제시 하틀랜드**

어린이 책 작가이자 일러스트레이터이다. 그래픽 평전《본 아페티 : 줄리아 차일드의 맛있는 삶》Bon Appetit: The Delicious Life of Julia Child)으로 〈뉴욕 타임스〉에서 '도회적이면서도 소박한 수채 화법의 그림과 손글씨로 줄리아 차일드의 모든 순간을 생동감 있게 담았다.' 는 찬사를 받았다. 〈뉴욕 타임스〉를 비롯한 여러 신문과 잡지에 그림을 그리고 있으며, 도자기나 직물, 광고, 쇼윈도 디스플레이 분야에서도 활발히 활동하고 있다. 어린이를 위한 정보 그림책《공룡은 어떻게 박물관에 갔을까?》,《스핑크스는 어떻게 박물관에 갔을까?》,《운석은 어떻게 박물관에 갔을까?》를 쓰고 그렸다.

🏠 jessiehartland.com

옮긴이 **피노**

그래픽 노블과 그림책 전문 서점 '피노키오'의 책방지기이다. 주한 이스라엘 대사관과 주한 캐나다 대사관에서 상무관으로 일했으며, 클린턴 일가가 이끄는 자선 재단인 클린턴 재단 서울 사무소 소장을 맡기도 했다. 옮긴 책으로《마틴 루서 킹 그래픽 평전 I Have a Dream》과《넬슨 만델라 그래픽 평전》이 있다.

🏠 pinokiobookshop.com